MY NAME IS

____

I'M ___ YEARS OLD

PHONE NUMBER

____

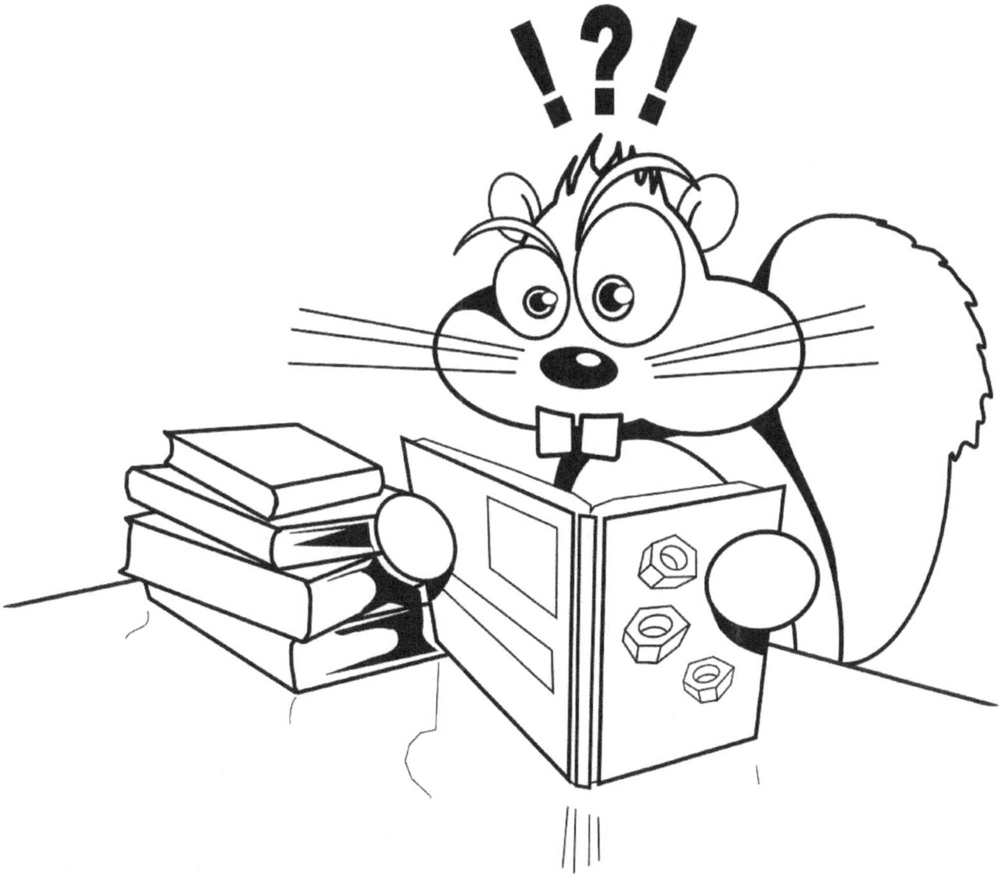

HANDWRITING , COLORING WORK BOOK

ALPHABET

SAY & COLOR

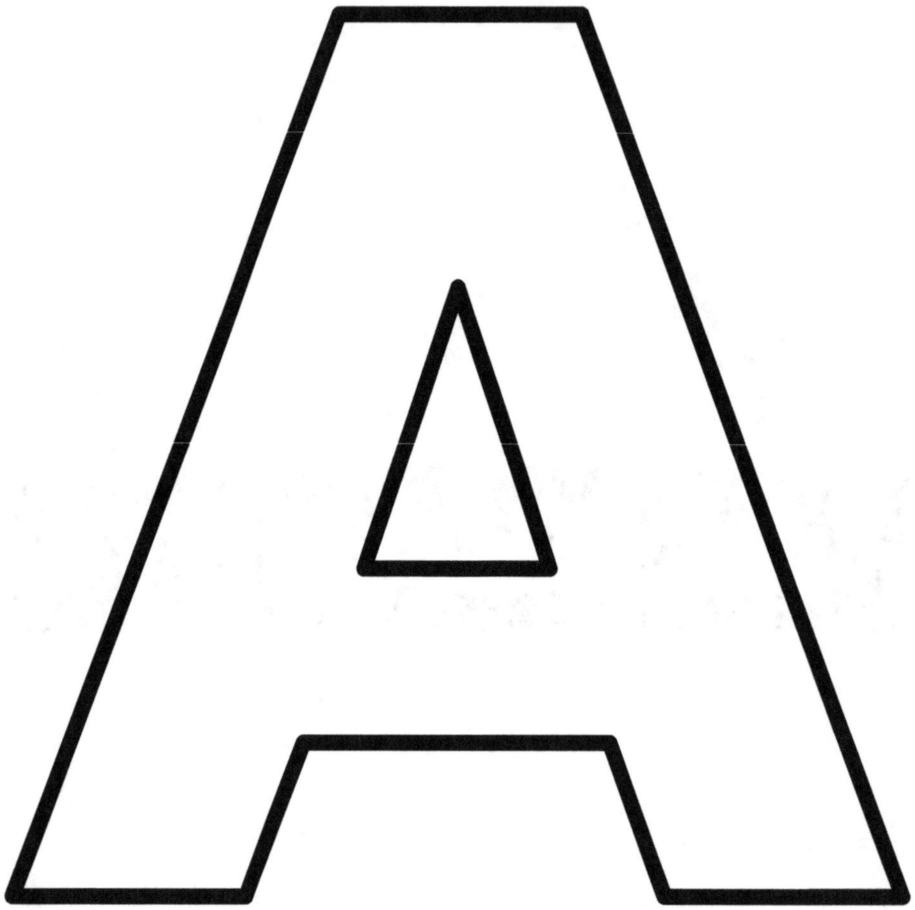

A A

A *A*

a a

a *a*

SAY & COLOR

B

B B

B B

b b

b b

SAY & COLOR

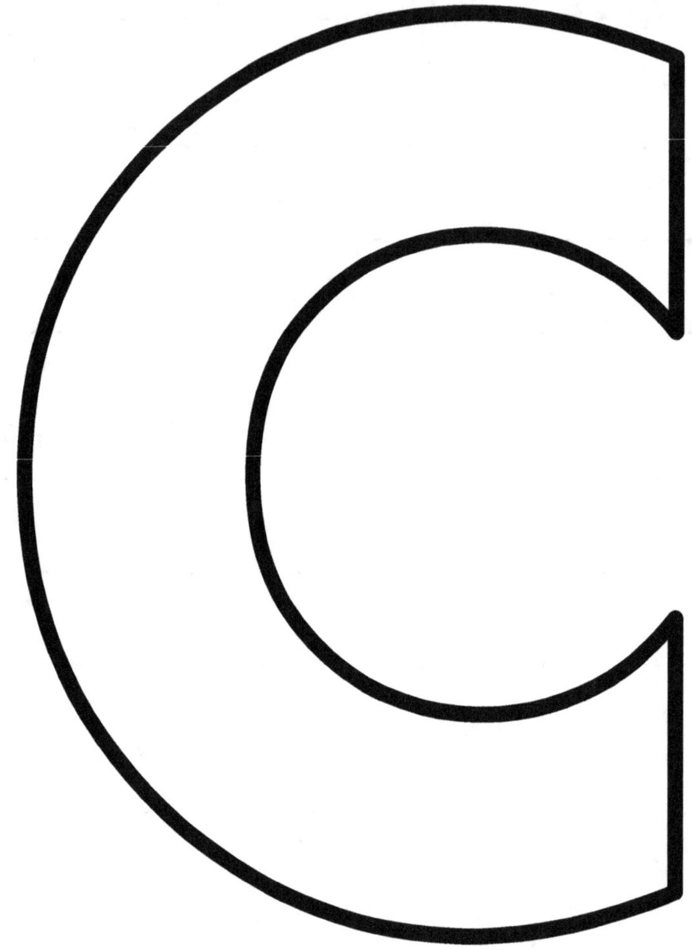

C C

C *C*

c c

c *c*

SAY & COLOR

D

D D

D *D*

d d

d *d*

SAY & COLOR

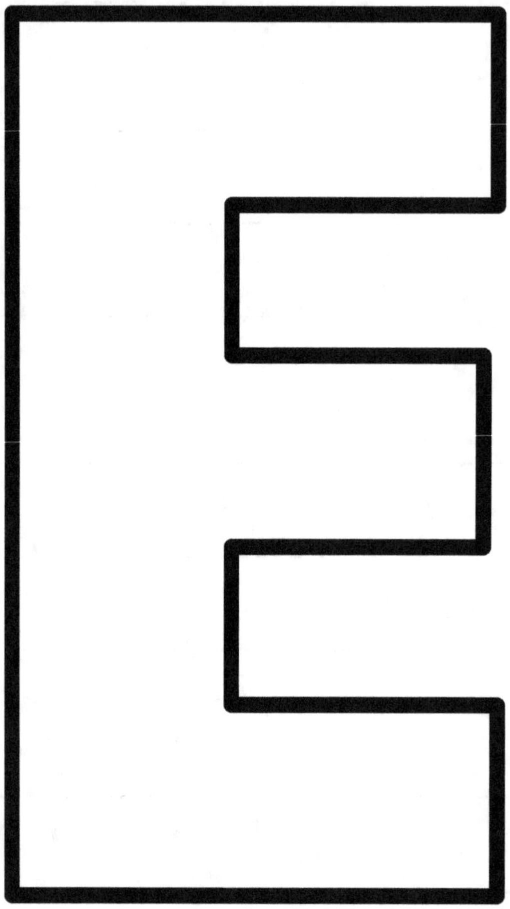

E E

E E

e e

e e

SAY & COLOR

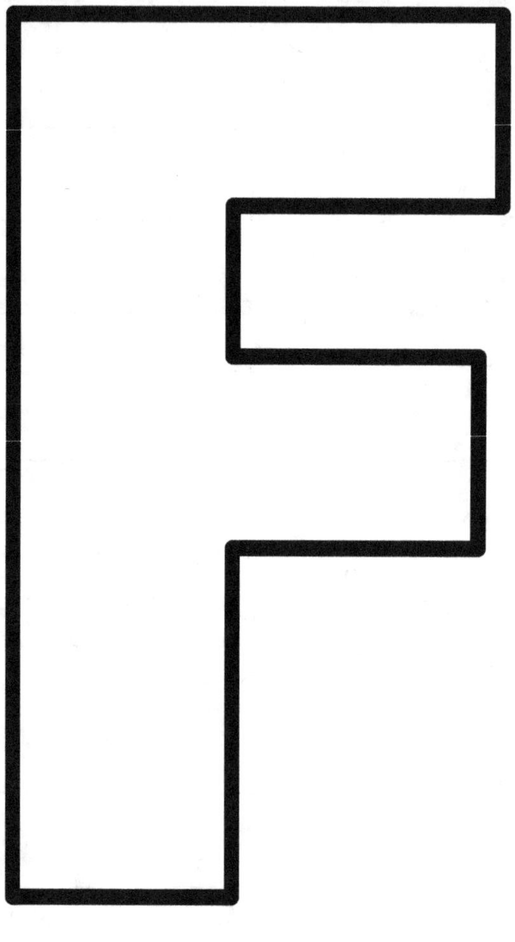

F F

F *F*

f f

f *f*

SAY & COLOR

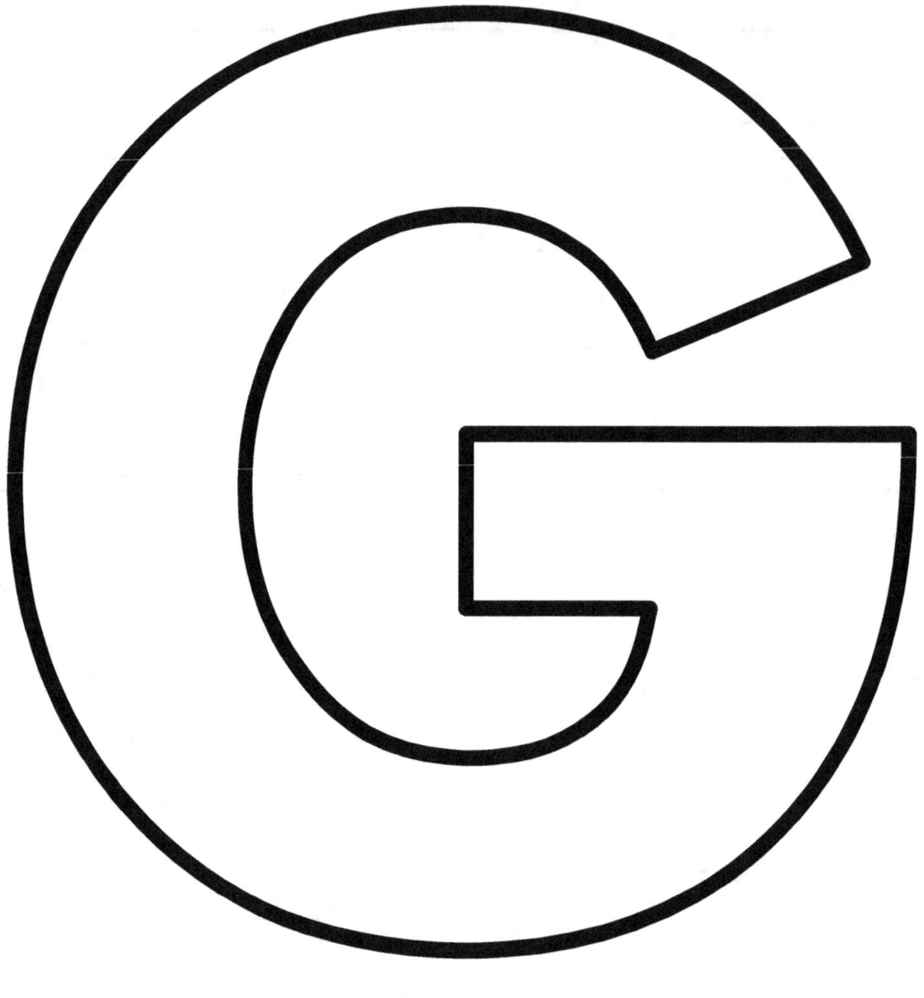

G G

G *G*

g g

g *g*

SAY & COLOR

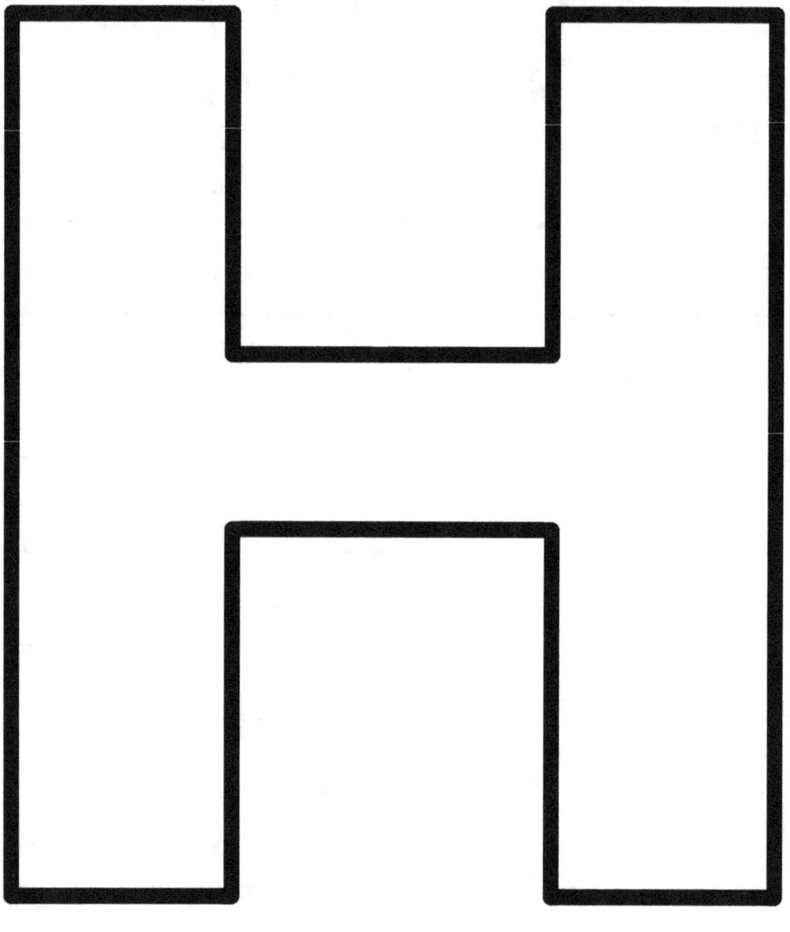

H H

H *H*

h h

h *h*

SAY & COLOR

I I

I *I*

i i

i *i*

SAY & COLOR

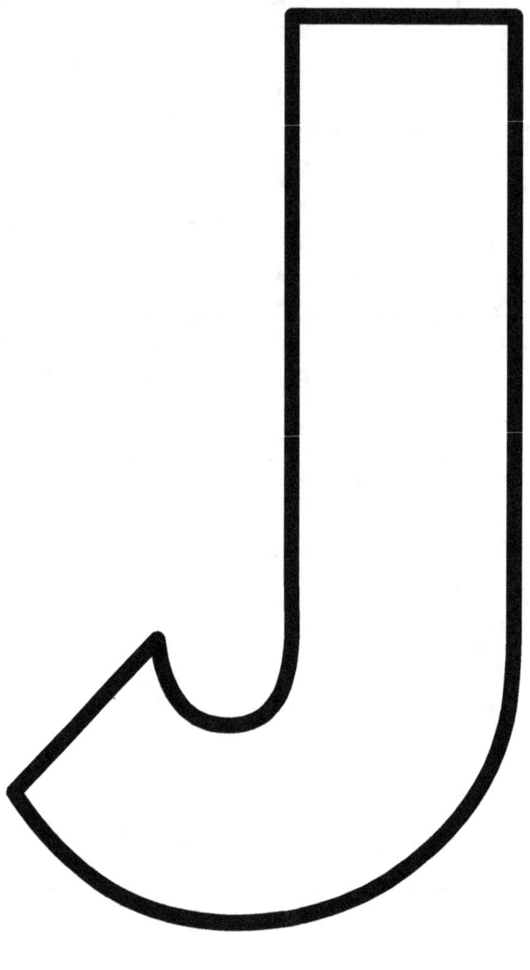

J J

J *J*

j j

j *j*

SAY & COLOR

K

K K

K *K*

k k

k *k*

SAY & COLOR

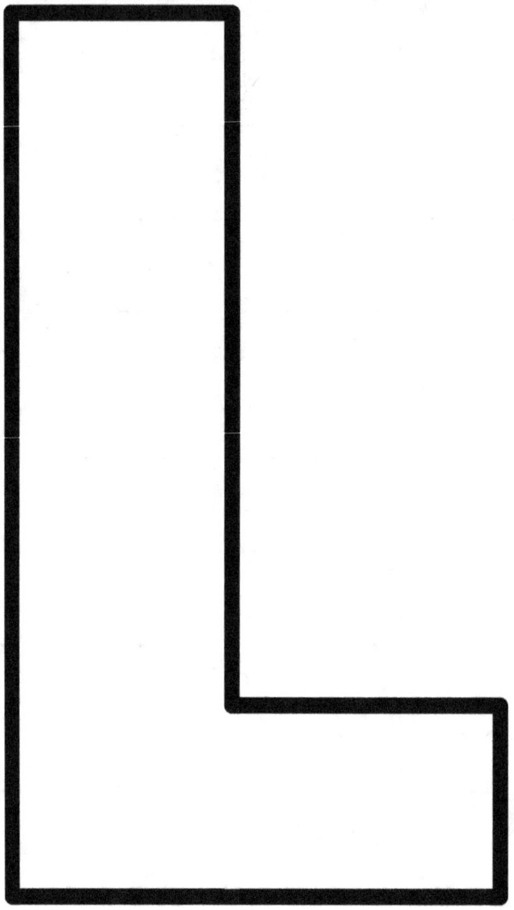

L L

L *L*

l l

l *l*

SAY & COLOR

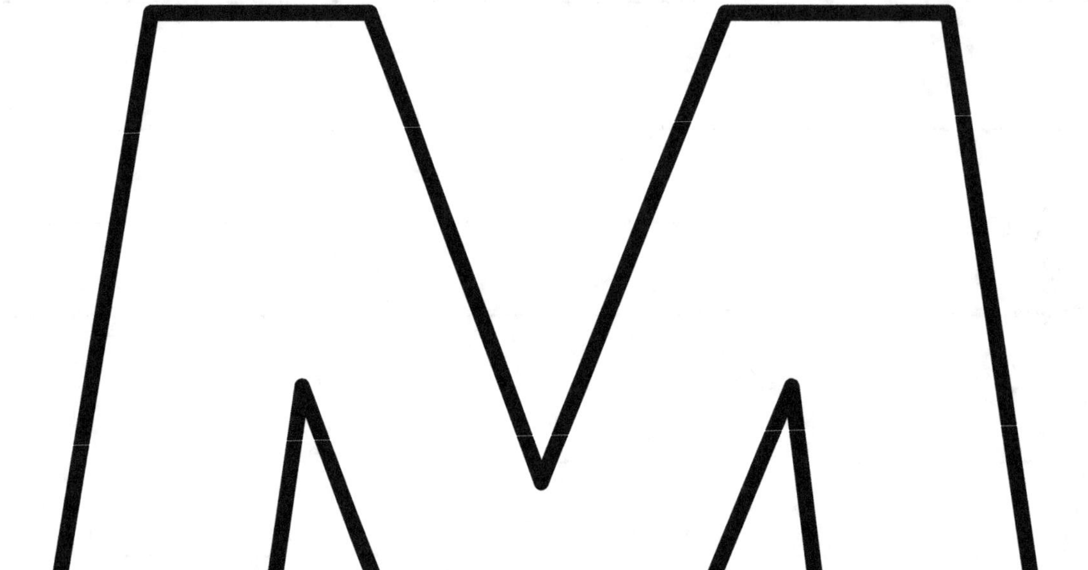

M M

M M

m m

m m

SAY & COLOR

N

N N

N N

n n

n n

SAY & COLOR

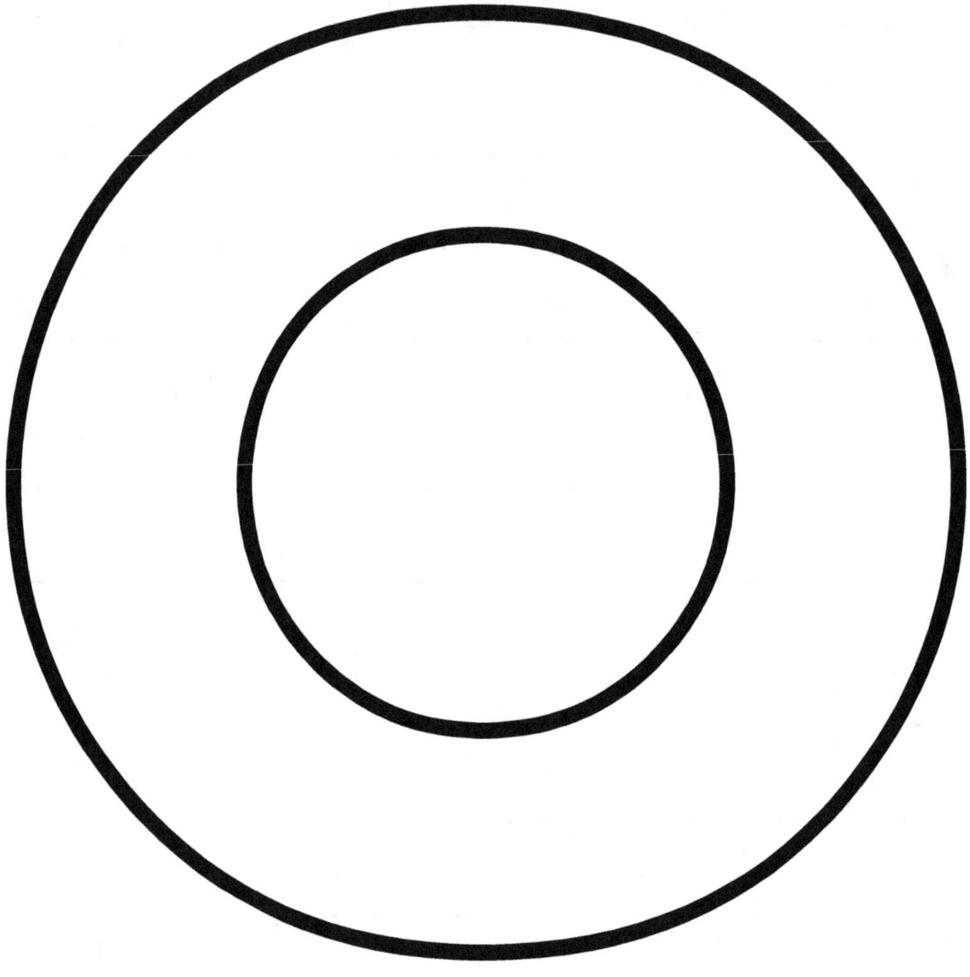

O O

O *O*

o o

o *o*

SAY & COLOR

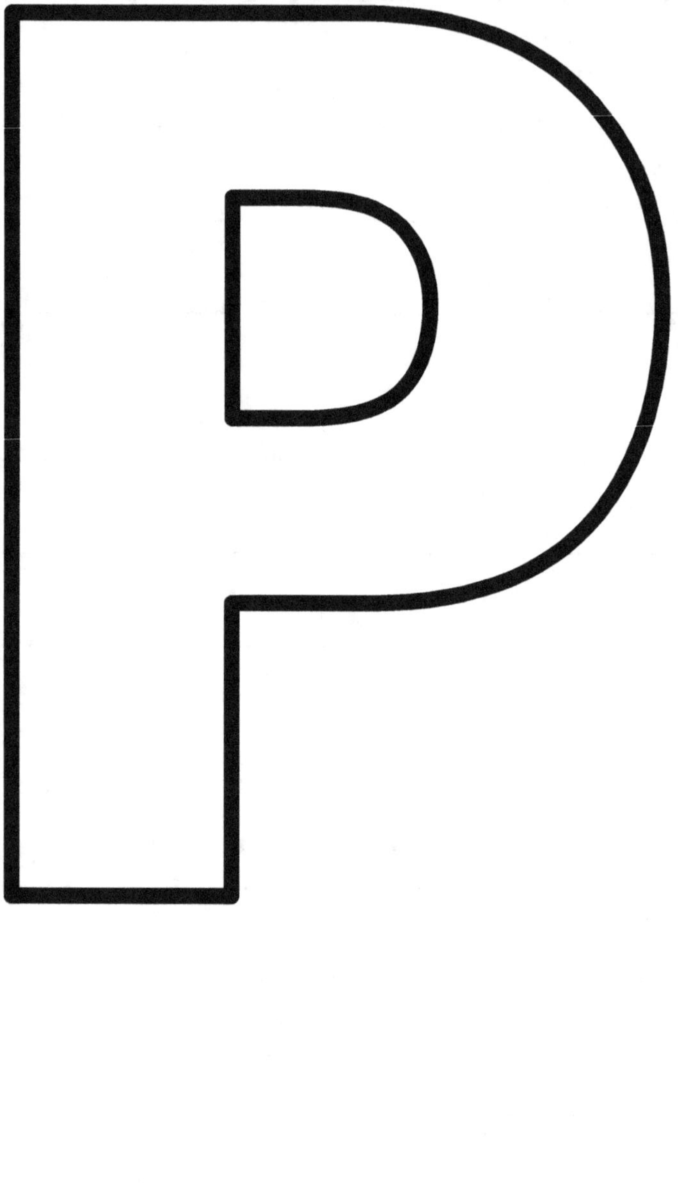

P P

P *P*

p p

p *p*

SAY & COLOR

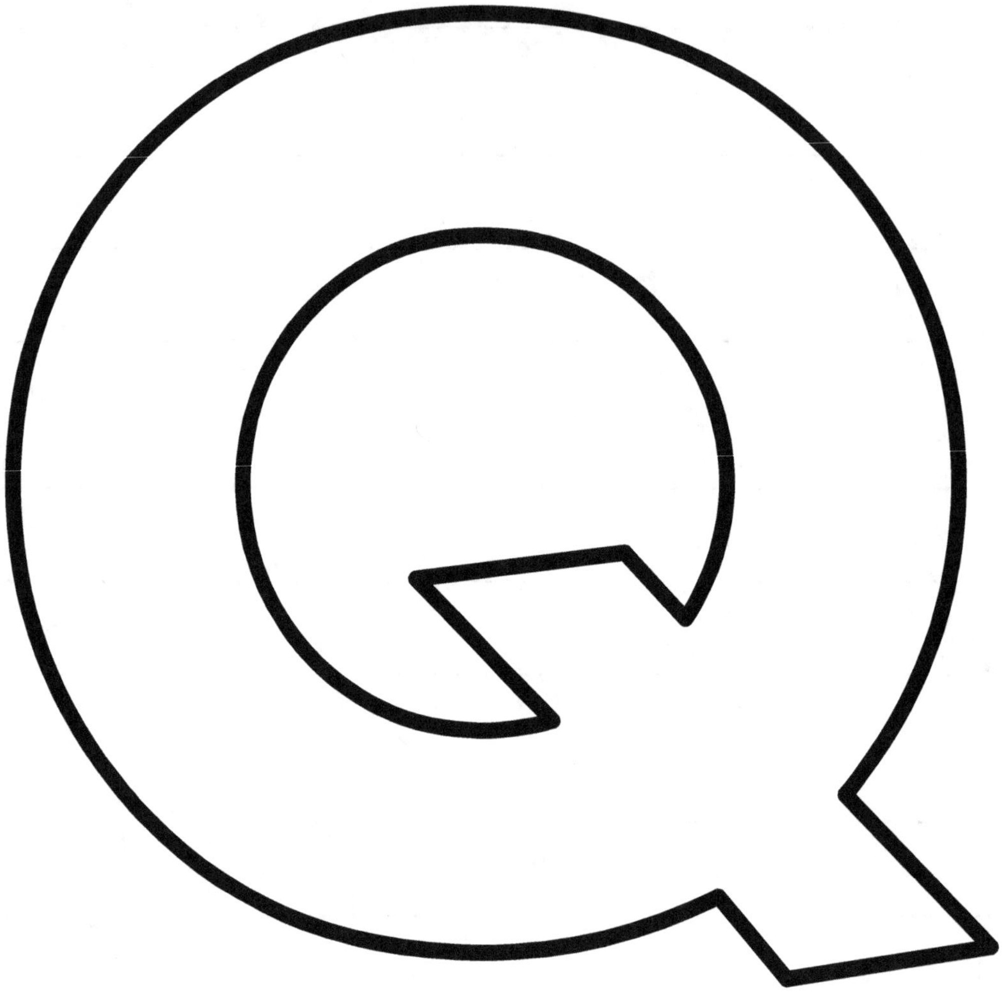

Q Q

Q *Q*

q q

q *q*

SAY & COLOR

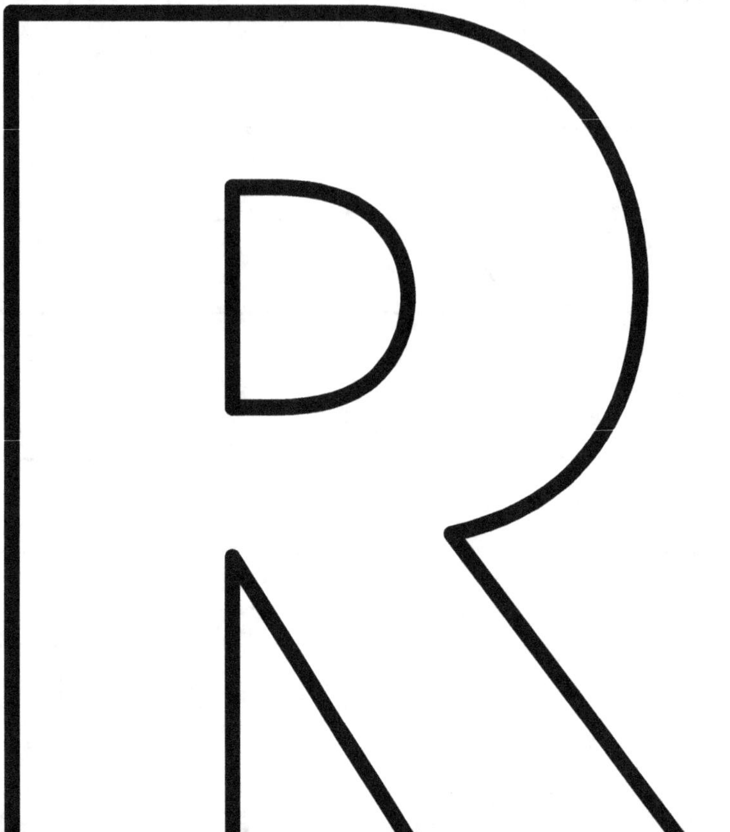

R R

R R

r r

r r

SAY & COLOR

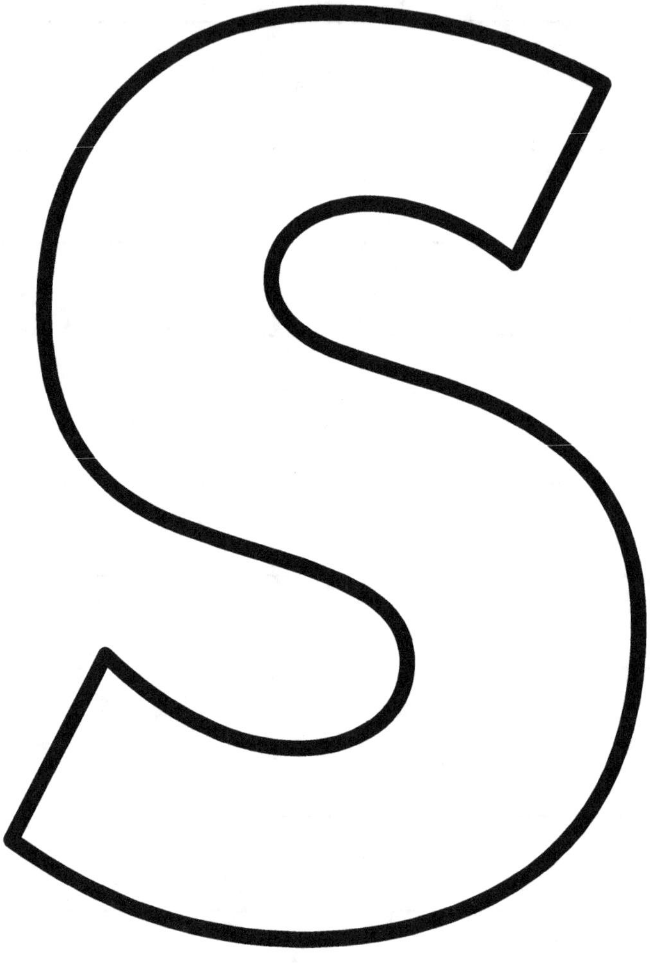

S S

S *S*

s s

s *s*

SAY & COLOR

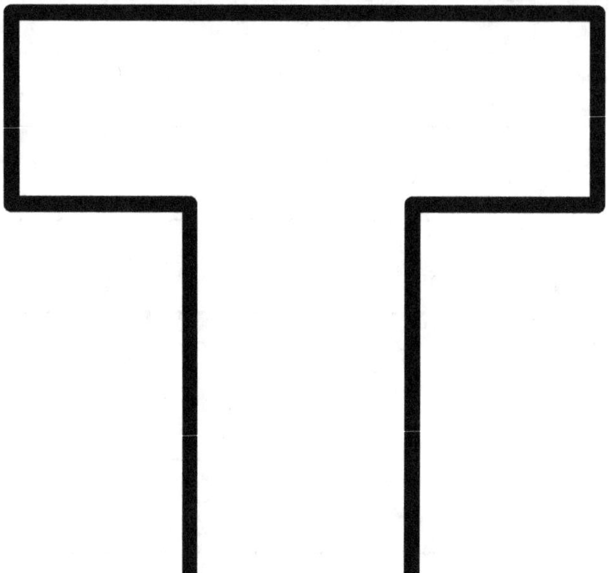

T T

T *T*

t t

t *t*

SAY & COLOR

U

U U

U *U*

u u

u *u*

SAY & COLOR

V

V V

V *V*

v v

v *v*

SAY & COLOR

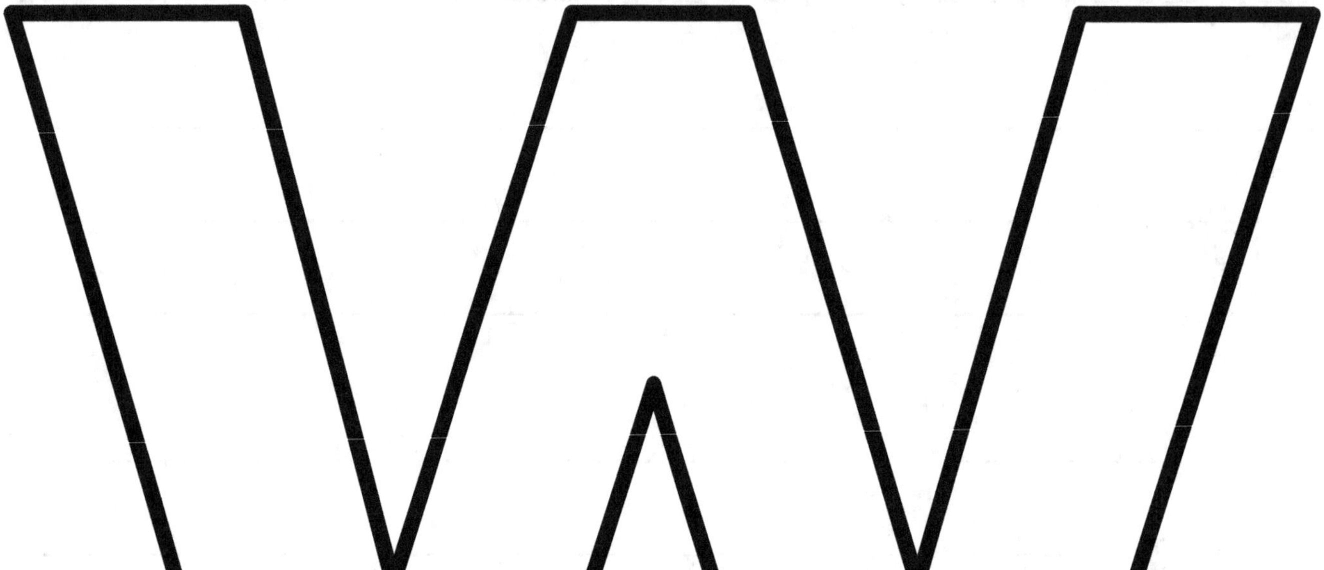

W W

W *W*

w w

w *w*

SAY & COLOR

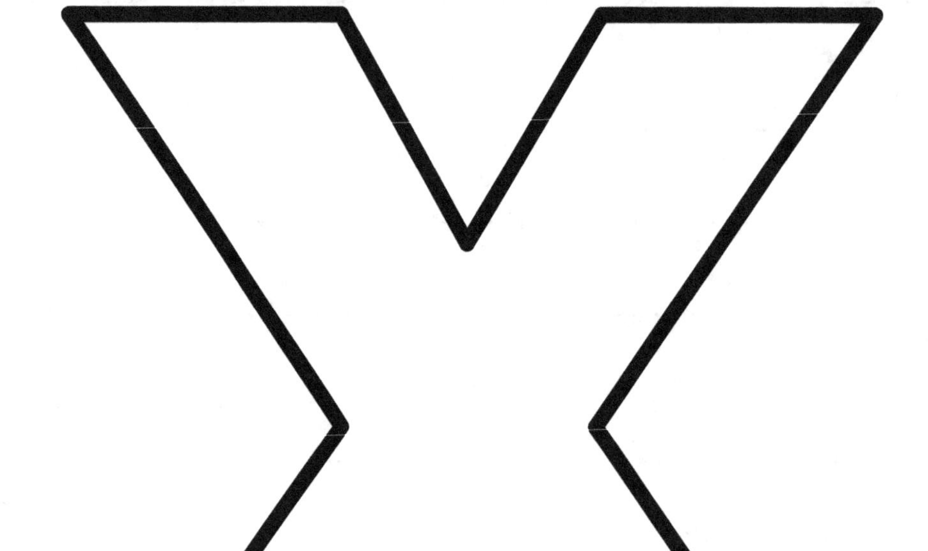

X X

X X

x x

x x

SAY & COLOR

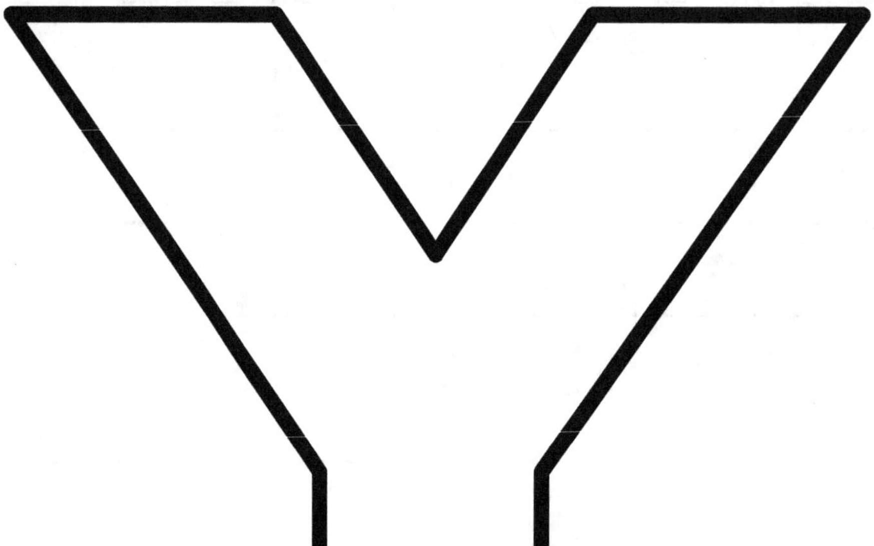

Y Y

Y Y

y y

y y

SAY & COLOR

Z

Z Z

Z *Z*

z z

z *z*

PRACTICING

ANAS.sb publishing

www.ingramcontent.com/pod-product-compliance
Lightning Source LLC
Chambersburg PA
CBHW082111220526
45472CB00009B/2130
* 9 7 9 8 6 8 3 0 1 7 5 1 4 *